JN411972

커피 잔에서 스며 나오는 여운

이재규 시집

계간문예

커피 잔에서 스며 나오는 여운

시집을 내면서

산등성이 한 켠에 피어있는 이름 모를 꽃들을 유심히 바라보면 나름대로 아름답고 귀여운 면모를 지녔다. 바쁘다는 핑계로 자세히 살피지 못하고 쓸모없는 들꽃으로 치부하는 경우가 많았다. 찰나의 여유를 가지고 주위를 살펴보면 들꽃처럼 치부했던 인생의 의미가 새로운 형태로 다가와 가슴 뭉클한 희열을 주며 한 장의 추억을 만들고, 미래로 가는 길에 힘과 용기를 주기도 한다. 살아가면서 감동을 받았던 순간순간을 글로 표현하고 싶어 습작을 하였다. 어느 순간부터 시라는 형태로 쓰게 되었다. 시에 대한 어떠한 교육도 받아보지 못했으나, 감정을 솔직하게 표현하여 나름대로 쓰다 보니, 《계간문예》에서 신인상도 받았다.

등산하면서 느꼈던 자연의 웅장함과 도처에 흩어져 있는 꽃들을 바라보면서 아름다움을 표현해 보았고, 돌아가신 부모님에 대한 그리움이나 바쁜 생활로 가보지 못한 고향에 대한 향수,

병원에서 환자를 보면서, 특히 병마와 싸우고 있는 집사람을 보면서 죽음의 그늘에 대해 나름대로 정리해 보았다. 특히 오랜 시일 병마에 시달리는 아내에 대한 감정이 시 이곳저곳에 녹아 들어가 있는 것으로 생각된다.

우리는 외국 여행을 갈 때 1~2달 전부터 계획을 세우고 일어날 사건들을 예측하여 해결 방향을 모색하지만, 기나긴 마지막 여행을 출발 할 때에는 대책 없이 시간이 되면 떠나간다. 어떠한 일들이 발생할지, 가는 길이 얼마나 험할지 알 수 없지만 나름대로 신변을 정리하고 한 아름 추억을 안고 떠나가야 할 것으로 생각한다. 중년 이후 여유를 가지고 생활하면서 여행 계획을 조금씩 조금씩 준비하여 마무리를 잘해보자고 다짐해 본다.

인생은 4모작이라고 생각한다. 일모작은 부모님의 보살핌 하에 교육을 받으며, 성인으로서 자립할 기반을 쌓는 시기이고, 이모작은 사회인으로 조국과 인류, 가정을 위해 열심히 일하여 명예와 한 인간으로서 완성의 시기로 소위 정년퇴직할 때까지를 본다. 삼모작은 세속의 모든 것을 내려놓고 자신을 위해, 자신이 하고 싶은 일을 하며, 많은 추억을 만드는 가장 소중한 시기이고, 사모작은 나이 들어 병원을 오가며 죽음을 대비하는 시기라 생각된다. 인생의 가장 소중한 삼모작을 잘 경작하여 나중에 여행

갈 때 추억 한 아름 가져가면 성공한 인생이 아닐까 생각된다.

몇 년 전부터 시집을 내야겠다고 생각하였으나 계속 미루다가 집사람의 병이 악화되어 힘들어하는 모습을 보며, 조금이라도 용기를 주고 싶어 부랴부랴 정리하여 편집하게 되었다. 병마와 싸우는데 조금이라도 도움을 주었으면 하는 마음에.

"시도 아닌 푸념 혹은 독백"

먼 훗날 저세상에서

먼 훗날 저세상에서
신이 나들이 가서

무얼 봤냐고 묻는다면
화려한 산천초목 구경했다고 답하리라
무엇이 좋았냐고 묻는다면
사랑해본 것이 좋았다고 답하리라
누구를 사랑했냐고 묻는다면
천지 만물 다 사랑했다고 답하리라

어느 시절 좋았냐고 묻는다면
인생을 관조할 수 있을 때가 좋았다고 답하리라

무엇이 싫었냐고 묻는다면
이별하는 아픔이 싫었다고 말하리라
후회한 것 무어냐고 묻는다면
부모님께 효도하지 못한 것이라 말하리라
어느 시절 아쉬웠냐고 묻는다면
학창 시절 노력하지 않은 것 아쉬웠다 말하리라
성취하지 못한 것 무어냐고 묻는다면
목표에 집착해 인생을 반추하지 못한 것이라 말하리라

신이 다시 기회 주신다면
인간으로 후회 없는 삶 살고 오겠다고 확실히 대답하리라

2025년 11월 어느 늦가을
원광대 산본병원 교수연구실에서

■ 차례

무욕

향긋한 커피 내음
퍼지는 카페의 서리 가득한 창가

의자에 앉아
커피 한 모금 토스트 한 조각
살포시 입에 물고

종이 한 장에
낙서할 수 있는 연필 한 자루

눈을 감고
떠오르는 생각 표현할 수 있다면
부러울 것이 없을 뿐이네

욕심 없이
그날그날 살아가는 세상

목숨 다하는 날
모든 것 남김없이 베풀고
떠나가고 싶네

살아보면

계곡에서 흐르는 물 한 모금
수고하십니다 말 한 마디에
용기를 내어 걸어가는 미지의 인생길

하루하루 살다 보면
모질게 흘러가는 시간 돌아보며
가슴 뭉클한 감동의 순간 되새기고

물처럼 흐르며 살아도 될 것을
슬픔에 사로잡혀 자아를 쓰다듬을
여유도 없이 지나치는 세월

하늘 바라보며
성공을 향해 매진한 허망한 시간
탓할 수 없는 지나간 부질없는 욕심

한 올에 불과한 야망 내려놓고
흘러가는 바람에 조심스레 귀 기울이며
사색하는 여유 가져보고

참된 자아 찾아
영겁의 세월 스쳐온 자연에 순응하며
남은 인생 즐겁게 살아보면 어떠리

잔인한 계절

하얀 꽃망울 터뜨리는
따스한 햇살 스며들 때쯤
가슴 깊이 자리 잡은 고독의 시간

인고의 계절 견디며
쉼 없이 걸어 여기까지 왔지만
한순간도 채워지지 않는 목마른 갈증

어디로 가야 하나
고민하지만 찾을 수 없는 방향
걸음걸음 디딜 때마다 망설이는 순간순간들

앞선 사람들 따라가 보지만
어정쩡한 발자국에 군데군데 박힌 돌부리
뒤돌아 갈 수 없는 조그만 오솔길

시원한 그늘에 앉아
미소 지으며 두런두런 이야기할 수 있는
친구와 동행할 수 있으면 좋으련만

시린 가슴 부여잡고
지친 육체에 의지하여 걸어가는 외로운 방황
언제쯤 영원한 안식이 오려나?

나, 가리라

나, 가리라 나, 가리라
산 넘고 물 건너 천둥소리 귀 기울이며
한 걸음 한 걸음 걷던 어둡고 험한 길
어디쯤인지 모르지만

부모 형제 얼굴 그리고
행복했던 어릴 적 추억 떠올리며
골목길 접어드는 아늑한 초가집 찾아
힘들어도 나, 가리라

밤낮없이 노력하던 시간
야망 찾아 헤매던 장소 벗어나
지친 몸과 마음 이끌고 가던 고단한 길
뒤돌아보며 나, 가리라

초로의 나이 되어
흰 머리 휘날리는 바람 부는 날
별 헤는 밤하늘에 얽힌 전설 들려주던
어머님 품속으로 나, 가리라

된장찌개 끓여놓고
처마 밑 호롱불 들고 계실 보고픈 어머님
마음은 천 리인데 동구 밖 보이지 않는
정든 고향 남촌으로 나 가리라

넘어지고 해져도
한 줄기 희미한 불빛에 의지하여
홀로 걸어가야만 하는 머나먼 길
나, 가리라 나, 가리라

후회뿐인 인생

창가에 우두커니 서서
스쳐 지나가는 꽃향기 음미하며
쓰디쓴 커피 한 모금

덜거덕거리는 세상에
부딪히며 살아온 지난 세월
뒤돌아보니 성취한 것 없는 후회뿐

조금씩 조금씩
흘러가다 보니 지금 이 자리
덩그러니 놓여있는 낯설은 이방인

물가에 비친 초로의 모습
젊음이 넘치는 싱그러운 얼굴은
어디에도 찾아볼 수 없는 아쉬운 상황

아! 세월의 빠름
탄식만 남은 고뇌에 찬 시간

지금 이 순간
지쳐버린 육체에 허덕이는 영혼
한 줄기 빛에 의지하여 서 있는 자아

세파에 찌든 정신
마음잡고 다시 시작하려고 해도
엄두가 나지 않는 현실

두려운 생각에
이대로 인생의 종착지가 되려나

봄 처녀

블라우스 툭 치면
바람결에 이리저리 나풀나풀 거리고
치맛단 살짝 건드리면
빼꼼히 드러나는 하얀 속살

흔들리던 처녀 가슴
산들바람 살포시 기대면 두근두근
상기된 뽀얀 얼굴
화롯불에 장작 타듯 후끈후끈

헤어진 남정네
보고픈 마음에 입술이 바싹바싹 마르고
달리는 마음
주체하지 못하고 그렁그렁 맺히는 눈물

매서운 추위
물러나고 슬며시 다가온 봄바람
코끝에 스미는
향기로운 꽃내음에 벌렁벌렁

여기저기 퍼져나가
우리네 마음 헤집고 들어오면
봄기운 만끽하러
산과 들로 마실 가는 동네 처자들

미지의 여행

우두커니 앉은 창가에
흩날리는 눈발 바라보며
왠지 모르지만
하염없이 흐르는 눈물

눈이 그치면
하루가 지나가고
내일은 어떤 일 일어날지
알 수 없지만
더 슬퍼지는 현실

이별은 저만치에서
빨리 오라고 손짓하지만
마음 준비가 되지 않아
머뭇머뭇 거리는 순간순간들

지는 해 바라보며
날아가는 갈매기 향해
어디로 가는지
물어보고 싶지만

떨어지지 않는 목소리

아! 인생의 허무함
미지의 여행 가기 위해
주섬주섬 준비물 챙기지만
주워 담을 수 없는 삶의 흔적

이별 여행 후
다시 오기를 기대하며
머나먼 길 떠나는데
앞을 가리는 눈물 훔치고 떼는 발걸음

텅 빈 마음

뿌연 유리창에 어린
잿빛 세상의 거무튀튀한 형상들

바삐 걷는 군중 속
갈길 잃고 나 홀로 서서
어둠이 내려오는 하늘 바라보며
우두커니 서 있는 자아

어디로 가야 할 것인가
무엇을 추구해야 하는 건가
지나가는 사람들 쳐다보아도
답을 찾을 수 없는 현실

흐릿한 거리
무표정한 얼굴 붙잡고 묻고 싶지만
생각만 앞설 뿐 용기가 나지 않아
멍하니 바라보는 허공이여

구하고 구해보지만
대답 없이 울려 퍼지는 메아리

텅 빈 가슴 부여잡고 소리 없이 흐느끼네

아! 오늘도 의미 없이 지나가는 하루

명쾌한 해법 찾아
거리 활보하는 마음뿐인 마음
어느 세월에 올까

송죽아

무심한 듯
먼 곳 쳐다보는 푸른 빛깔 소나무

사시사철
흔들리지 않고 꼿꼿이 서서
그 자리 지키는 한결 같은 모습

거센 눈보라
힘든 고통의 순간 견디고
따스한 햇살 그리며
여기까지 왔건만

세상 굴곡
이해하지 못하고
휘어진 형태 바라보며
스치고 지나치는 무심함

장구한 세월
변화무쌍한 자연에 순응하는 모습 보고도
세상사 야욕을 버리지 못한 사람들

슬픈 눈으로
바라보는 낙락장송
송죽아

- 눈 오는 날 연구실에서

가을앓이

얄궂은 바람
나뭇가지 툭 치면
한잎 두잎 떨어지는 계절

옷깃 여미고
흩어진 나뭇잎 거리 걷다 보면
바스락 소리에 밀려오는 소슬바람

마주치는 사람들
파전에 막걸리 한잔할 지인
둘레둘레 찾아봐도 낯선 이뿐

쓸쓸함에 목이 타
목마 타고 산등성이 올라 자연을 그리며
메아리 울리는 소리, 야호

아! 가을 지나가면
서리 낀 창가에서 커피 한 모금
음미할 여유 없이 지나치는 그해 겨울

거침없던 젊은 시절
귀 기울여 주위를 보듬지 못한 시간에
소리 없이 내리는 가을비에도 아리는 마음

순간순간 지나
세상만사 적응할 만도 한데
가을만 되면 사무치는 외로움이여

어느 날 문득

어느 날 문득
그리운 얼굴 스치고 지나가네

흐릿한 안개 속 스며든 아리따운 여인

보고 싶다 보고 싶어
눈 크게 뜨고 정신 차려 바라보니
내 곁 떠나버린 님이시여

한순간의 모습
수많은 세월 그리고 그렸건만
촌각의 여유도 주지 않고 가버리네

얼마를 기다려야
우연히 만날 님의 향기 헤아리나
지새우는 별 헤는 밤

수많은 세월 흘러
추하게 늙어버린 형상 바라보면
님은 알아볼 수 있을까

무너지는 마음에
낙락장송은 저만치 서서 묵묵부답
애간장만 태우는데

모르면 어떠리
나만 알아보고 반갑게 맞이하면 되는데
왠지 가슴이 허전한 심정 그 누가 알리요

어떠리

세파에 물든 현실 벗어나
자아 찾아 떠나는 기나긴 여행

굽이굽이 산등성이 오르다 보면
오밀조밀 피어오른 들꽃 바라보며
눈물 흘리고
가슴 깊이 스며드는
자연의 향기에 취하면 어떠리

멀리서 들려오는 새소리
귀 쫑긋 세우고
어디에서 울리는지 두리번거리며
벤치에 앉아
달콤한 물 한 모금 시원스레 마시면 어떠리

불어오는 바람 맞으며
아픈 다리 이끌고
고목 아래 누워 휴식 취하고
가부좌 틀고 앉아
명상의 세계로 들어가면 어떠리

이런들 어떠리 저런들 어떠리
지나칠 때마다 살아있음에 감사하며
걸어가는 행복한 인생

- 오대산 자연 명상 마을에서

봄이 오는 소리

아지랑이 모락모락
봄내음 피어오르는 지평선 위
대지 촉촉이 적셔주며
해맑게 웃으면서 내리는 봄비

겨우내 움츠렸던 뭇 생명들
활력 찾아 기웃기웃
산골짜기 안개 걷히고
모습 들이밀며 생긋생긋

꽃 방울 터뜨리고
냉이랑 달래가 얼굴 들고
봄비 오는 소리에 리듬 맞춰
희망을 노래하며 방긋방긋

흘러가는 잎사귀 위
불청객의 개골개골
봄 알리는 소식에
요란하게 울려 퍼지는 빗방울

싱그러운 모습에
만물이 생동하는 계절
온 천지 축복의 함성이
꽃향기 타고 퍼져나가는 합창 소리

-연구실 창가에서

첫사랑

출렁이는 바람 따라
수천 길 멀리 퍼져나가는 라일락 향기 음미하며
수줍은 님 모습
붓으로 그리고 지우고 꽃향기로 색칠하여 보지만
어렴풋이 떠오르는 얼굴

먼발치에서 오실 님
사뿐사뿐 걸음 마디마디 꽃잎 지르밟고 오소서
먼지 한 올 묻을까
호롱불 밝히고 처마 밑에 서서 일렁이는 물결에
두근두근 설레는 마음

일각이 여삼추라
하늘 높이 떠 있는 별빛은 빙그레 웃으며 마음속 들어와
기다려라 기다려라
님 소식 모른 채 하지만 훨훨 날아가 그녀 품에
살포시 안기고 싶네

-문수사 내려오면서

수선화

동틀 무렵 휘날리는 이슬방울로 씻고
연지 곤지 바르고 화장을 하는 수선화

먼발치에서 오실 님 아련히 떠오르는 얼굴
눈 코 입 허공에 그려보지만 기억나지 않는 마음
추억어린 곳 그리고 그리고 색칠해보지만
지우고 지우고 그릴 수 없는 심음

오늘 오려나 내일 오려나 호롱불 들쳐 메고 어두운 밤
애타게 기다리지만 소식 없는 님이시여

수양버들 봄바람에게 소식 간절하게 물어보지만
미소 지으며 저 멀리 지나가고
호랑나비 한 마리 현란한 몸 사위 하며
애달파 구애하는 소리에 애간장 녹는 마음 누가 알리요

언제 볼지 모를 님
티끌 한 올 허용하지 않은 채 하늘 바라보며
고고하게 서 있는 수선화여

- 유기방 가옥에서

문경새재 스치며

흘러 흘러 예까지 왔는데
아무도 반겨주는 이 없으며
쓸쓸한 바람만 스치고 지나가고

괴나리봇짐 짊어진 선비들
걱정 반 기대 반 안고 가는 모습
껄껄껄 웃으며 지는 해 바라보네

흩어지는 물에 젖은 단풍잎
뒷모습 비친 음영 바라보며
지나온 세월 무심함을 느끼며

잠시 휴식 취한 뒤
어딘지 모를 목적지 향해
쉼 없는 여행 떠날 준비하네

아! 인생이란
지나간 길 지나온 시간 뒤돌아보며
한 줌 추억 속에 사는 것

욕망의 늪 허우적거리며
한없는 고뇌의 순간순간들
떨쳐버리고 훨훨 날아가세나

그리운 봄이여

커피 잔 앞에 놓고
빗물 흐르는 창가에 앉아
흩날리는 바람결
가슴 깊이 스며드는 꽃내음

지그시 눈 감고
쥐어 보지만 빠져나가는 샛바람
봄비 그치면
아련한 추억 남기고 사라질 찰나

아쉬운 마음에
애꿎은 창문만 두드리네
오늘 가면
언제 오려나 기다려지는데

후일 기약하며
아로새기고 떠나가는 봄이여

고향의 향수

드르륵드르륵
정적 깨는 재봉틀 소리
곱디고운
어머님 손길 수없이 닿아
울긋불긋
천 조각으로 만든 예쁜 때때옷

바람결 나불나불
한 손으로 바지춤 움켜쥐고
한껏 부푼 마음에
동네방네 기웃기웃 자랑하던 어린 시절

추억 간직하며
먼 세월 걸쳐 고향에 왔건만
산천은 변하고
아는 이 없으니 세월의 무심함이여
그리운 시간
뒤늦은 후회에 목 놓아 불러보네

-조양방직 카페에서

뒤늦은 후회

따르릉따르릉
어둠의 정적 깨는 벨소리
도회지 유학 간
아들 소식 듣고 싶은 마음에
버선발로 달려오신 어머님

예기치 않은 목소리
하염없이 먼 산 바라보며
허공에 그려보는 아들 모습

좋은 소식 가지고
울려 퍼지는 전화벨 기다리다
망부석 되어버린 님이시여

오랜 세월 흘러
향취만 어려 있는 옛집에
따스한 햇살 드는 텅 빈 툇마루 전화기

성공을 뒤로 하고
많은 시간 걸려 왔건만

가슴에 사무치는 뒤늦은 후회

사랑합니다 사랑합니다
산산이 부서지는 마음 부여잡고
바람결에 스며드는 한마디뿐

-조양방직 카페에서

꽃샘바람

물 긷는 처녀
색동치마 한들한들
어루만지며 살포시 기대고

밭 가는 남정네
이마에 맺힌 땀방울 흔들흔들
눈가 스며드는 한줄기 빗물

어린 꽃봉오리
얄밉게 스치고 지나가며
매서운 추위 흘리는 봄바람

잠시 휴식 취하며
엄마 품 안기어 심술부리는
아이처럼 두리번두리번

여린 마음 감추고
이별의 아픔 간직한 채
추억 따라 떠돌면서 기웃기웃

방황하는 시간 저 멀리
다가오는 따스한 햇살에 아쉬워
떠날 준비 하는 꽃샘바람

목련꽃

어둠 짙게 물든 새벽녘
너울거리는 나뭇가지에 기대어
둥지 트는 봉오리

먼 산 넘어 날아와
미지의 세상에서 방긋방긋 웃으며
다소곳이 싹 피우고

눈부신 햇살 너머
멀리서 들려오는 지저귀는 새소리에
살며시 눈을 뜨네

대롱대롱 맺힌 이슬방울로
몸단장하고 연지 곤지 바르며
어여쁘게 차려입고

다소곳이 피어
여섯 꽃잎 서로서로 의지하며
옹기종기 모여 있는 하얀 꽃

바람결 흔들흔들
전생의 사랑 그리워 눈물지으며
잔 먼지도 없이 우뚝 서서

애절한 마음 가슴에 안고
멀리 떠날 준비 하며
은은한 향기 발산하는 목련꽃

인생길

흘러 흘러
예까지 왔는데
바람결 흩어지는 발자취

산 넘고 강 건너
인고의 순간 견디며
도달한 물설고 낯선 산모퉁이

바위 위에 서서
찰나의 여유 즐기며
고단한 몸과 마음 추스르고

앞으로 펼쳐질
수많은 고난의 역경
쉼 없이 가고 또 가야 할 길

어느 순간
목적지 도달하면
낙엽처럼 멀리멀리 날아가겠지

수없이 교차 되는
고통과 환희 속
살아가는 일장춘몽 인생길

낙엽

한여름 밤 추억
마디마디 간직하며
바람결 굴러다니는 낙엽

바스락바스락 소리
메아리치며 심곡 찌를 때
아픈 마음 움켜쥐고
목마 타고 뚜벅뚜벅 걸어 본다

청춘의 야망
수많은 세월 속 희미하여
안개 속 헤매며 찾아보지만
점차 멀어지는 꿈이여

아! 무슨 마음으로
지금까지 살아왔던가
휘날리는 갈바람 뒤로 하고
낙엽 밟으며 산등성이 오르네

남은 것 없이
빈손으로 가는 것 서러워
가슴속 울분 토하며 야호 야호
울려 퍼지는 메아리

덧없는 인생
미련 붙들고 사는 마음

늦가을 갈피 못 잡고
남아있는 잎새 바라보는 심정
그 누가 알 수 있을까

달맞이꽃

어둠이 짙게 깔린 길가
오롯이 피어 있는 달맞이꽃

아무도 보아주는 이 없지만
그리움에 사무쳐
은은한 달빛 바라보며
화장을 고치고 외로이 서 있네

스치는 별똥별 보며
오시는 임 헤매일까 두려워
등불 밝혀 들고
먼 산 바라보는 한 송이 꽃

오늘 올까 내일 올까
초조한 마음에 일각이 여삼추인데
쓸쓸한 산들바람만
살랑살랑 흔들고 지나가네

바람이여 바람이여
먼 산 넘어 흘러 흘러가다가

보고픈 임 만나거든
내 마음 전해주오

생명이 다하는 날까지
임 기다리며 피어 있겠노라고

밤하늘 바라보며

은하수 건너
별빛 쏟아지는 밤하늘
세상 구경 나온 아기별 하나

별똥별 되어
검은 눈동자에 슬그머니 내려와
반짝반짝 빛날 때

어두운 밤하늘
둥실둥실 떠도는
수많은 별 세어 본다

어여쁜 저 별은
그리운 님의 별일까
저 너머 손 흔드는 별일까

어렴풋한 님 모습
그리며 이곳저곳 찾아보지만
보이지 않은 밤하늘

긴 밤 지새우며
떨어지는 유성 바라보며
님 향취 그리워하네

님 계신 별
언제쯤 볼 수 있을까
하늘 보며 그려보는 님의 얼굴

-장수대 탐방로 앞에서

비 오는 날

저녁 무렵
흐르는 빗방울 바라보며
우두커니 창가에 걸터앉아

토스트 한 조각
커피 한 모금 부드럽게 삼키며
한 줌 여유 즐기네

쉼 없이 달려온 세월
피로에 지친 몸과 마음 달래며
조용히 휴식 취하고

살아온 인생길
순간순간 헤아려 보며
지나온 발자취 더듬어 보네

어디로 가는지
어떠한 사건이 펼쳐질지 모르지만
떠나야만 하는 운명

뒤돌아보며
한 걸음 한 걸음 걸어가지만
주체할 수 없는 눈물

반가웠던 벗들
행복했던 순간들 간직하며

먼 훗날
아름다운 추억 회상하며
떠나는 긴 인생 여정

아침 이슬

먼 길 돌고 돌아
연잎에 맺혀있는 이슬방울

한 귀퉁이 자리 잡고
연지곤지 찍고
예쁘게 빗질하며
바람결에 흔들흔들

보아주는 이 없지만
내리쬐는 아침 햇살 바라보며
빛나는 영롱한 보석

한 번만 보아 달라고
한순간만 안아보고 싶다고
애타는 마음으로 바라보지만

아는지 모르는지
방긋방긋 웃으며 손 흔들고
지나가는 무심한 햇살

그리움에 사무쳐
이리저리 몸부림치다가
사라지는 방울이여

거울 앞에 서서

새벽녘 별 그림자
가슴 깊이 스며들 때
멀리서 종소리 울려 퍼지고

저물녘 삽살개
꼬리치며 달려올 때
몰아쉬는 안도의 한숨

쉴 틈 없는 하루
역경 속에서 살아갈 수 있음에
감사 기도드리고

인생 항로
나침판 없이 가는 험난한 길에
피어나는 지혜의 샘

청춘의 몸
어느덧 세월의 그늘에 어우러진 모습
거울 앞에 서 있고

함께한 나날들
무엇 하나 이룬 것 없지만
울려 퍼지는 메아리 소리

멀리 퍼져
남은 여생 활력 가득한
아름다운 인생 되기를

귀천을 준비하며

사립문 너머
희미하게 들려오는 음성
하늘의 부름인가

눈 감고 조용히 들어보니
바람결 장미꽃 휘날리는 소리

활짝 핀 꽃송이
자태도 헤아리지 못하고
지나온 시간

흐르는 세월
노년의 문턱에 서 있네

개울가에 드리운
청초한 얼굴은 사라지고
낯선 이만 남아있고

오랜 세월
돌고 돌아 이 자리에 있지만

뚜렷한 것
성취하지 못하고 백발이 되었네

먼 길 떠날 때
추억 한 아름 간직할 수 있도록
촌각이 필요하오니

하늘이시여
간절한 소망 들어주시기를
빌고 비나이다

님 그리며

그윽한 바다 내음
머금은 소슬바람 불어오는 선착장

산등성이 찔레꽃
한 아름 꺾어 모자 만들어주던
깎아내린 절벽 위
눈물짓는 가여운 여인

한 치 두 치 멀어져가는
뱃고동 소리 울리며 떠나가네

오늘 떠나면
언제 올지 모르는 기약 없는 이별
떨어지지 않는 발길 돌리며
마음 깊이 울려 퍼지는 메아리

다시 만나
꽃반지 끼워주고 포옹하는 날 상상하며

변치 않는 마음

바람결 가슴에 한 아름 안겨주고
님 그리며
하염없이 떠나가네

-금오도 바닷길

회상

아니 가고
아니 가서 어찌하시렵니까

흔들리는 물결 속
희미하게 보이는 얼굴 어루만져 보지만
허공에 사라지는 임이시여

오랜 세월
단 한 번만이라도 만나고 싶어
두 손 모아 기도했지만

오는 기회
망설이며 주저하는 모습에
얼핏 웃음이 나옵니다

순진무구한 얼굴
모래 위 수백 번 그리고 지웠지만
세파에 변해버린 모습

망설이다가

소중한 기회 바람결에 날려 보내며
뒤돌아서 눈물 흘리고

옛 기억
가슴 깊이 간직하며
돛단배에 마음 실어 보냅니다

복된 인생

찰나의 시간
흘러가는 세월 어디 메뇨

부귀영화 탐하며
지나치는 덧없는 인생 여정

산봉우리 바라보니
수백 성상
자연과 어울려 의연히 서서

비바람 맞으며
힘겨운 순간 보내지만
따스한 햇살 기다리는 낙락장송

어리석은 인간들
사소한 욕망에 붙들려
헤매는 순간순간

긴 여행 떠날 때
가지고 갈 수 없는 한 줌 영광

짓누르는 무게 버리고
아름다운 금수강산 바라보며
설계하는 복된 인생

-For you 리조트에서 설악산을 바라보며

어느 여인의 기도

바람결
흘러내린 꽃내음
창문에 매달려 가볍게 두드리며

향긋한 냄새
스멀스멀 퍼져
온 집안 가득한 향기

남쪽 멀리
달려온 꽃송이
한 아름 전하는 봄소식에

바쁜 일상
한순간 위안을 주는
어여쁜 분홍 빛깔 매화

먼 산 저곳
요염하게 유혹하여
마음속 한 켠 흔들지만

눈 감고
자연의 아름다움에
두 손 합장하고 올리는 감사 기도

하늘이시여
내년에도 꽃내음 음미하며
봄을 맞이할 수 있도록 도와주소서

풍경 소리

스치는 바람결
애달프게 울어 예는 풍경 소리

한 많은 세월
북받치는 설움 토해내며
부처님 전에
생전의 아픔 두 손 모아 올리네

새벽 예불
두들기는 목탁 소리에 맞춰
노스님 염불 소리
수천 번 듣고 또 들었건만

가슴속 응어리
가시지 않고 점점 커져만 가는 한

언제쯤 털고
부처님 앞에 귀의할까
설움에 복받쳐
쨍그랑쨍그랑 소리 내며 울부짖네

나무아미타불
나무아미타불
멀리서 들려오는 스님의 청정한 소리
두 손 모아 합장하고

기다리는 마음 모아
울려 퍼지는 구슬픈 울음소리

-정암사에서

사무치는 그리움

먼 바닷가
수평선 넘어 쉼 없이 달려와
처얼썩 처얼썩
흥에 겨워 넘실대는 하얀 물보라

어두운 밤하늘
부드럽게 내리쬐는 달빛 보며
그리움에 사무쳐
몸서리치며 참고 견디어 왔던
지난 인고의 시간

정겨운 갈매기
머리 위 스치고 지나가면
산산이 부서지는 파도 소리로
기나긴 여행의 신비한 이야기 하며
즐거운 한때를 보내고

흩어진 암석들
부딪치며 인사하지만
무심하게 먼 하늘 바라보며

그리움에 젖어있는 모습 안쓰러워
쓰다듬으며 물보라 일으키네

휴식을 취하며
정다웠던 시간 지나가면
아쉬워 아쉬워
뒤돌아서 눈물 훔치며
떠날 준비하는 넘실대는 파도

그리운 친구들
다시 만나는 순간까지
잘 있기를 기원하며
떨어지지 않는 발길 돌리네
언제 다시 오려나

-티양도 바닷가에서

자연의 삶

일렁이는 바닷가 앞
은은히 별빛 쏟아지는
한적한 정자

비스듬히 걸터앉아
가락에 맞춰 시 한 수 읊으면서
진달래 전에 시원한 탁주 한 사발

조그마한 초가집
텃밭 일구어 채소 가꾸며
사모하는 이와 함께 살수만 있다면

갈매기 떼
짝지어 날아가는 모습도
무심히 보아 넘길 수 있으련만

세속의 욕심
떨치지 못하고 부질없이 산 세월
못내 아쉬워

생명 다하는 날까지
자연의 순리대로 살아갈 수 있도록
두 손 합장하고 기도드리네

-선재도 목섬에서

사라진 야망이여

너른 바닷가
넘실대는 푸른 물결에
예쁜 돌멩이
튀기면서 그리는 동심원

은빛 갈치
사라지는 파동 잡으려고
뛰어오르지만
하나씩 하나씩 멀리 사라지고

내 마음 실은
파도 타고 따라가지만
점점 멀어져 보이지 않는
그리운 꿈

가슴속
일렁이는 순수한 마음에
달콤한 설레임
던져 놓고 멀리 떠나간 야망이여

중년의 나이
이룬 것 없이 지나간 세월
가슴이 아려
뒤돌아보며 달래보지만 아쉬운 마음

사라진 꿈 찾아
파도치는 바닷가
어슬렁어슬렁 거리며
멀리 보이는 수평선 바라보네

외길 사랑

쓸쓸한 공원
덩그러니 놓여있는 벤치

이슬방울
두드리는 소리에 놀라
눈 비비고 일어나
몸단장하고 찾아올 님 그려보네

눈 코 입
도화지 위 님 모습 그리고
색칠하여 보다가
지우고 다시 그려보는 얼굴

그리운 발자국
님 소리인가 귀 기울여 보니
옹달샘 가는 청설모
걸음걸음 발걸음 소리

날 밝으면
오실 님

어렴풋한 모습
애타게 기다려 보지만

온다는 시간 지나
예서
두 손 합장하고
하염없이 기다리는 망부석

설중매

매화 향기
가득한 뜰 평상에 앉아
매화주 한 모금 입에 머물면
가슴 깊숙이 퍼지고

모시 적삼 휘어 감고
주위로 발산하면서
붉은 꽃망울 터트리며
설반 위에 서 있네

청초한 꽃송이
그리움에 사무쳐
촉촉이 젖어 툭 치면
터질 듯이 눈물 머금고

바람결 휘날려
고결한 잎사귀
임 가슴에 살포시 앉아
스르르 눈 감는 설중매

전생의 수많은 인연
흘러 흘러
이루어진 찰나의 만남

이별의 슬픔
뒤돌아서서 눈물 흘리며
후일을 기약하네
내 사랑 설중매

애틋함

찰나의 순간
임과 우연한 만남
철썩철썩
가슴 아리는 파도 소리

스치는 바람결
밀려오는 당신 향기
뭉게뭉게
안개 속 아름답게 피어오르네

만남 뒤로하고
돌리는 무거운 발걸음
스멀스멀
마음속 퍼지는 그리움

다시 만날 날
하염없이 기다리며
그렁그렁
맺히는 눈물 빗물에 씻겨지네

먼 훗날
님의 모습 바라보며
방긋방긋
웃으면서 미소 띤 얼굴

부둥켜안고
부드러운 입맞춤
하하 호호
일상의 이야기 나누고 싶네

늦가을 나들이

어느 날
갑자기 찾아온 외로움

마음속
낯선 여운 남기고
갈바람 따라
떠나가는 아픈 추억이여

허전한 마음
잊지 못해 옷깃 세우고
은행잎 휘날리는 거리
흐르는 눈물 감추며

먼 산 바라보니
벌거벗은 아름드리나무
내 마음 아는지 모르는지
손짓하며 부르네

외로운 목마 타고
낙엽이 쌓이는 산등성이

뚜벅뚜벅 걸으며
읊어 보는 목마와 숙녀

매년 이 계절
찾아오는 고독
익숙해질 때도 되었지만
해가 갈수록 더욱 커져만 가고

인생이란
외로움과 벗하며
살아가야 하는 것
조금씩 조금씩 다가오네

오늘도
잊혀지지 않는 생각
한잔 술이 생각나는
늦가을 나들이

아름다운 자연

한 잎 한 잎
떨어지는 고운 잎새
시간이 흐르며
아름답게 남아있고

한 겹 두 겹
고이 접어놓은 추억
가슴 깊이
여울지는 그리움

부분부분
햇볕에 비친 모습
추억거리 제공하며
저 멀리 사라지고

두근두근
뛰는 가슴 부여안고
놓치지 않고
기억하는 눈동자

이 시간 지나면
겨울바람 타고 오는
휘날리는 눈 소리
소복소복 싸이고

나무 위
일출에 반사되는
하얀 상고대
연출되는 멋진 풍경

상황 상황
혜택을 주는 자연 섭리
아름다운 자연 즐기는
축복받은 인생

고사목

산등성이 한 켠
무슨 설움 저리 많은지
우두커니 서서
먼 산 바라보는 나무 한 그루

북풍한설
매섭게 휘몰아쳐도
화려했던 영광 그리워하며
꼿꼿하게 허리 펴지만

애달파서
눈물 흘리는 수많은 세월
죽어서도 가지 못하고
장승 되었네

아름다운 기억
한순간 흘러가는 추억인 것
잊지 못하고 붙들고 서 있는
회색빛 나무

과거 버리면
또 다른 현재가 시작되어
순간순간
살아가는 것은 자연의 이치

모든 시름
바람에 훨훨 날려버리고
다음 생
그린 나래 타고 내려와

산 전체
연한 초록빛으로 물들이는
수려한 나무 되시게
한 많은 고사목이여

인생

꽃이 벌 부르고
벌이 꽃 따라다니는 건
자연의 생리

내가 너 사랑하고
네가 나 좋아하는 것
인생의 순리

살다 보면
많은 일 있겠지만
시간이 흐르면 해결되고

힘들다고
포기하지 말고 노력하면
후회 없는 여정

걸음걸음
살포시 걷다 보면 어느덧
종착역에 도착하고

성공한 삶이나 실패한 삶
마주 보며 껄껄껄 웃는 것이
인생인 것

너와 나
웃으면서 정답게 대화하며
긴 여행 떠나보세

-장봉도 하산 길에서

이름 없는 작은 섬

오랜 세월
형성된 아담한 이름 없는 섬

어린 시절
엄마 품에서 떨어져 나와
그리워 눈물 흘리며 외로이 서서

은은한 달밤
휘날리는 바람 소리
잠 청하지만 뜬눈으로 지새우는 바위섬

동뜰 무렵
날아가는 갈매기 떼
정답게 손 흔들어 인사하고

지나가는 고깃배
뱃고동 소리 들으며
만선의 기쁨 누리도록 기도하네

아침부터

넘실대는 파도 위
서쪽 일부 철통같은 경계를 서서

맡은 바 소임
최선을 다하여 완수하며
바닷바람 맞으며 전방 주시하네

국토의 일부분
자긍심 가지지만 만물이 잠드는 시간
허전한 마음뿐이네

서쪽 바다
우리의 국토 이름 없는 작은 섬

-장봉도 바닷가에서

아기별 하나

별 헤는 밤
세상 구경 나온 아기별 하나
가을밤 하늘
아름답게 수놓고

길 잃은 사람
방황하지 않고 무사히 가도록
하늘빛 환하게 비추며
길 인도하네

달빛 위
걸터앉아 세상사 둘러보다가
슬그머니 미끄러져
내 마음속 들어와

가슴 한 켠
두리번두리번
천진난만한 눈동자로
이곳저곳 살펴보는 아기별

마음속 고이 남아
요지경 세상 구경하며
추억 거리 한 아름 가지고
그린 나래 펴고 올라가서

어두운 밤하늘
어려운 사람들 헤아리며
희망과 용기를 주는 별 되어
세상 지켜주네

내 가슴속 남아 영원히 빛나는
아기별 하나

- 아들 수능 잘 보기를 기원하며

어여 가자

어여 가자
어여 가자
이 산 넘어 홀로 계실 어머님 뵈러
어여 가자

추운 겨울 호롱불 손에 들고
사립문 열고 자식 오기 기다리며
동구 밖 쳐다보고 계실 어머님
손 얼까 두려워
어여 가자

밥 한 그릇
아랫목 이불속 묻어두고
된장찌개 보글보글 끓고 있는
정다운 고향 집

나이 든 어머님
힘껏 안아보고 가벼워지셨는지
주름살 느셨는지
보고 싶은 어머님 뵈러

어여 가자

추억 속 이 길
산천초목 변치 않고 푸르른데
연로하신 어머님 아픈 곳 없는지
어여 가자

자식 오기만
애타게 기다리고 계실 어머님
마음은 천 린데 동구 밖 보이지 않네
어머님 만나보러
어여 가자
어여 가자

등산

멀리서
희미하게 손짓하는 모습

매일 매일
아름다운 물감으로 풀어놓고
방긋방긋 웃으며
애타게 부르는 소리

바라보면
마음속 비좁게 들어와
등산 묘미 이야기하며
입산하라고 하네

산등성
탁 트인 황홀한 광경
등줄기에서 흐르는 땀방울
씻어주는 시원한 갈바람

자연과 사람
사람과 사람

스스럼없이 동화되고 합일되는
등산의 과정

수고하십니다
말 한마디에 지친 마음
바람결에 훨훨 날아가며
다시 시작하는 육체

피로에 지치고
다리는 마비되지만
시간이 흐르면
유혹에 겨워 또다시 산을 찾네

산이여 기다려라
내가 간다

- 월악산 등산 도중

한 송이 꽃

바람길 따라
흘러 흘러 마음속 깊이 들어와
활짝 핀 꽃 한 송이

살포시
고개 내밀고 웃으며
살랑살랑 손 흔들고 인사하네

한 송이 한 송이
수줍게 피어나서
아름다운 꽃동산 형성할 때

밝은 미소 띤
거짓 없는 행복한 마음으로
살아가는 즐거운 인생

한 사람 한 사람
마음속 향긋한 꽃향기 맡아
선한 세상 이루어

온 천지
참되게 가꾸어 가는
밝고 맑은 세상 만드네

간절한 염원

은행나무 숲길
천천히 걸어가는 중년의 부부

어깨에 기대어 힘들어하는
병색이 완연한 표정
포근히 감싸며
사랑스러운 눈빛으로 바라보고

사는 동안
행복했던 순간순간 스치고 지나가며
아른아른 피어오르는
희미한 미소

고단한 마음
이끌고 생활하며 바쁘게 살아온 인생
해주지 못한 일들
가슴 아프게 후회하고

며칠 아니 몇 시간만 더
사랑하며 살기를 간절히 바라며

하늘빛 받아
빛나는 노란 은행잎 바라보니

잎새 사이
절실한 소원 아는지 모르는지
웃으면서 지나가는
뭉게뭉게 피어오른 구름

하늘이시여
빌고 또 비나이다
이번 삶에서 못다 한 사랑
다음 생에서 꼭 이루어지기를

- 홍천 은행나무 숲에서

큰 어른

창문 너머
스치고 지나가는 바람
그리운 향기가 가슴에 스며들 때
가만히 눈을 감고

긴 세월
잊을 수 없는 모습
고요하게 마음 깊이 다가올 때
뜨거워지는 눈시울

크신 어깨
의지하며 성장한 어린 시절
세상 고통 짊어지고 묵묵하게 살아오며
헌신하신 어르신

살아생전
사랑한다 말 한마디
어깨 한번 주물러 주지 못한 불효자
찢어진 가슴 안고

단 한번
아버님 볼 수 있다면
얼싸안고 덩실덩실 춤을 추며
온 동네 돌아다니고 싶네

술 한 잔 올리며
눈물 맺힌 마음으로
먼 산 바라보며 목 놓아 불러보네
보고 싶은 아버지

코스모스

수많은 밤
찬 이슬 맞으며
피어오른 코스모스

바람결에
이리저리 흔들리며
무슨 생각 저리 깊게 하는지

포근한 햇살
살포시 어루만져 주어도
무심하게 눈길 한번 주지를 않네

핑크빛 꽃잎
활짝 피어 하늘을 바라보며
전생의 아름다운 추억 그리워하고

흘러가는 구름
손짓하여 물어보지만
빙그레 웃으며 말없이 지나가네

몇 날 몇 시간 후
바람결에 훨훨 날아가
펼쳐질 새로운 세상 상상하며

고운 꽃잎
턱 받치고 우수에 젖어
깊은 시름에 빠져 있는 꽃 중의 꽃

가을 즈음

꽃내음 속
피어오른 갈바람
코끝 스치고 지나갈 때
가을이 성큼성큼 다가오고

하늘하늘
흔들리는 코스모스
여린 모습으로 빙긋이 웃으며
우리 곁으로 다가오네

힘들었던 한여름 밤 기억
한 줌 추억이 되어
차곡차곡 싸여
한 페이지 장식하고

한장 한장
싸이고 싸여
한 권의 노트 만들어
인생을 풍요롭게 하네

추억 속 시간
마음속 깊이 간직하며
하루를 살아갈 수 있음에
감사 기도드리네

육십의 문턱에서

내리쬐는 햇살
한올 한올 거두며
떠날 준비하는 여름 뒤로
쓸쓸한 가을 성큼성큼 다가오고

황금색 들판
알알이 수놓은 벼 이삭
두 팔 벌려 햇볕 맞이하며
단단히 영그는 모습

바삐 움직이는 손길
행복한 미소 지으며
농부 이마에 송골송골 맺힌
땀방울 바라보며

육십 바라보는 나이에
세상만사 외롭고 서글퍼서
눈물 훔치며
논길 조심조심 걷고 있네

가을 지면
몇 장 남는 달력
한해가 지나가고
늘어나는 주름에 쉬이 나오는 한숨

이순 문턱에서
훨훨 날아가는 세월 보며
늙어가는 모습 발견하고
숨죽이며 있지만

지나간 세월
아쉬워하는 마음
남은 시간 보람 있게 사용하자고
다짐해보지만 얼마나 갈지

가을이여

바람결 슬며시
코스모스 향기 내려놓고
지나가는 가을이여

낙엽 밟으면서
인생 고뇌하며 사색하고

어디론가 떠나고 싶은
남자의 마음
흔들어 놓고 슬며시 사라지는 계절

붉게 물든 단풍잎 보며
희열과 기쁨 고취되어

사랑하는 사람 헤어지기 싫어하는
여자의 마음
근심과 걱정 스며드는 낭만의 계절

감정의 불씨 던져 놓고
활활 타오르는 모습 지켜보며

이 시간 지나면
다시 온다는 약속 없이 지나치는
무정한 가을이여

임종

쪽빛 머리 곱게 빗고
병실 침대에 누워
지긋이 눈감고 있는 한 송이 꽃

어렵고 힘들었던 순간
주름에 아로새겨져 있고
아름답고 즐거웠던 시간
맑은 눈동자에 어려 있네

인생 여정이
우러나는 해맑은 표정

순수한 마음 발현되어
아름답게 빛나는 한 떨기 백합꽃
하얀빛이 되어
주위를 밝게 비추네

얼마 남지 않는 여생
하나씩 하나씩 정리하며
귀천을 준비하는 모습에서

인생의 지혜가 담겨있고

마지막 광경
가슴 깊이 간직하고자
주위를 살피며 기억 속에
차곡차곡 쌓아놓네

다시 오지 못할 여행
뒤돌아보는 얼굴에
번뇌와 아쉬움이 새겨진
고운 우리 님

- 장모님을 회상하며

그리운 님

우리 곁 머무르던 님이시여
휘날리던 진달래 꽃잎 즈려밟고
멀리 떠나갔습니다

미소 띤 얼굴에
속삭이던 부드러운 목소리
귓가에 울려 퍼지고

어루만져 주시던 손길
생생히 느껴지는데
님 자취는 보이지 않았습니다

님 향취 그리워
아름다운 꽃들 바라보지만
고귀한 향기
어느 곳에서도 느낄 수 없었으며

님 모습 그리워
추억어린 곳 찾아가 보았지만
덩그러니 놓여있는 긴 의자

님은 보이지 않았습니다

마음 정리할 시간도 주지 않고
떠나가시는 님이시여
보고픈 마음
어찌 감당하라고 일찍 떠나셨습니까

부서지는 파도 바라보며
목 놓아 불러보지만 대답 없는 님이시여
다시 만날 날 기약하며
깊은 시름에 빠져봅니다

- 형님의 죽음을 지켜보면서

산행

새벽이슬 머금고
피어오른 희미한 안개 헤치고
걸어가는 산길

싱그러운 풀잎
청초한 자연의 향취 발산하며
고개 내밀고 두리번두리번

이름 모를 꽃송이
방긋방긋 웃는 모습에
가던 길 멈추고 바라보네

산모퉁이 한 켠
사철 푸르른 소나무
오랜 세월 처연히 서 있는 모습에
가슴 저미어 오고

지지배배
울어 예는 산새 소리
귓가에 울려 퍼지며

자연의 아름다움을 노래하네

송골송골
이마에 맺히는 땀방울
새벽 공기 스치고 지나갈 때
저 밑에 보이는 안개

야호 야호
정상에서 외치는 소리
메아리 울려 퍼지며
산속 깊숙이 스며드네

산

드리운 안개
조금씩 조금씩 걷히며
드러나는 산세

이름 모를 풀잎
수줍게 얼굴 내밀며
싱그러운 자연을 노래하고

새벽이슬 머금은 꽃송이
화려하게 단장하고
눈길 사로잡으며 유혹하네

비바람에 시달려도
수백 년 동안
한 곳만 바라보는 소나무

지지배배
울어 예는 산새 소리 들으며
먼 하늘 바라보며 서 있네

자연과 어울려
하나를 만들어 가며
아름답게 피어오른 산세

수많은 세월
변치 않고 조화를 이루며
오늘도 그 자리에 있네

철쭉

산등성이
활활 타오르는 불꽃

매서운 추위
겨우내 움츠리고 있다가
따스한 봄날
요염한 자태로 꽃단장하고

사랑스러운 눈빛으로
지나가는 이 바라보며

사랑합니다
저를 보아주세요
애타게 울부짖으며
몸을 불태우는 꽃송이

꽃망울 터뜨리며
은은한 향기 발산하고

꿀벌 한 마리
멀리서 날아와 사랑 구애하지만
옷매무시 단정히 하고
냉정하게 거절하며 먼 산 바라보네

깊어가는 봄날
새벽이슬 맞으며

오늘도
산 전체 붉게 물들이고
흔들리는 바람결에 의지하며
님 손길 기다리는 철쭉

그리운 얼굴

바닷가
떠오르는 정다운 여인

하얀 모래 위
그리고 그려보지만
오랜 세월 흘러
아련한 모습 되어 버린 얼굴

하얀 물보라
백사장 어슬렁거리며
희미한 기억 속
그린 얼굴 지워버리고

추억 속 모습
부여잡고 몸서리치지만
한줄기 파도 따라
수평선 저 멀리 흘러가네

먼 훗날
모래 위 그려놓은 얼굴 보고

정다웠던 추억
회상하고 싶어

지우지 않도록
간절히 부탁해보네
파도여 파도여 파도여

여정

매서운 바람결
떨어지는 꽃잎 하나

이곳저곳
방황하며 헤매다가
담 모퉁이 한쪽
살포시 몸 숙이며 안식 취하고

내일 또
어떤 고통이 다가올지
모르지만
힘든 마음 추스르며 잠이 드네

꽃샘추위에
웅크리고 앉아
행복했던 시절 꿈꾸며
눈물 흘리고

지난 세월
그리워하며

새벽바람에 떠밀려
떠나는 머나먼 여행

내리쬐는 햇살에
반짝반짝 빛나기도 하고
자동차에 밟혀
찢겨 지기도 하지만

오늘도
멈출 수 없이
계속 가야만 하는 여정

동방의 등불

동방의 바닷가
붉은 물결 출렁이며
서서히 솟아오르고

짙게 깔린 안개 속
잠든 모든 생령 일깨워
생기 불어넣으며
아침 여는 떠오르는 님이시여

활활 불태워
어두운 세상 밝게 비추어
세상 곳곳 활력 넘쳐흐르고

하늘 높이 올라
애정 어린 눈빛으로 바라보며
질서 속에서 조화롭게 살아가기를
기대하는 찬란한 빛이여

오늘도
동쪽 하늘에서

만물을 굽어보며
자애롭게 웃고 있는 동방의 등불

보라
지지 않을 태양
영원히 지속되리라

회한

사랑과 헌신 가득한
자애로운 어머님 모습 보고 싶어
움츠리고 앉아있는 햇살에게
계신 곳 물어봅니다

따뜻한 숨결에 애정 더해진
영롱한 어머님 목소리 듣고 싶어
멀리서 불어오는 바람에게
안부 물어봅니다

초록빛 라일락 향 스며든
은은한 어머님 향취 느끼고 싶어
사방으로 흩날리는 저승화에게
무사하신지 물어봅니다

거친 삼도천 물결 보면서
두고 온 자식 걱정에
마음 졸이면서 늘
잘 살기만 기원하는 어머님

보살핌 뒤로 하고
자신만의 삶에 집착했던
지난 세월 후회하며
다시 한번 목 놓아 불러봅니다

어머님 어머님 어머님

호박꽃

담장 아래 오롯이 피어
살랑살랑 부는 바람결에 흔들이고
꽃잎에 맺혀있는 이슬방울
어울려 멋 부리는 어여쁜 자태

곱디고운 다섯 잎사귀
쏟아지는 햇살에 출렁이고
얼싸안고 하늘 보며
함박웃음 선사하는 환한 미소

활짝 핀 꽃잎 사이
살며시 들어와 안식을 취하면
포근히 감싸주며
안락한 보금자리 만드는 초롱

넝쿨에 살포시 매달려
지나가는 짓궂은 바람에도
웃음 짓는 아름다운 꽃 중의 꽃
노란색 호박꽃

발문跋文

커피 잔에 비친 비움과 달관의 미학

― 이재규 《커피 잔에서 스며 나오는 여운》

차 윤 옥

(시인·계간문예 편집주간)

|발문|

커피 잔에 비친 비움과 달관의 미학
— 이재규 《커피 잔에서 스며 나오는 여운》

차 윤 옥
(시인 · 계간문예 편집주간)

이재규 시인이 등단 5년 만에 첫 시집 《커피 잔에서 스며 나오는 여운》을 상재한다. 이재규 시인은 시인이기 전에 환자들의 건강을 보살피는 의사이다.

시집 《커피 잔에서 스며 나오는 여운》에는 '커피'와 '창가'라는 극히 일상적이고 사색적인 모티프를 활용한 시가 다섯 편 들어 있다. 〈무욕〉 〈후회뿐인 인생〉 〈가을앓이〉 〈그리운 봄이여〉 〈비 오는 날〉 등이다. 이 다섯 편의 시들은 고독, 시간의 덧없음, 삶의 궁극적인 의미 등을 탐구한 시들이다. 화자는 '창가'라는 외부 세계와 내면의 경계에 머물며 세상을 바라보고, 커피 한 모금을 마시는 짧은 여유 속에서 과거와 현재, 미래의 숙명까지 성찰하는 시간을 갖는다. 이 다섯 편의 시는 바쁜 일상에서 잠시 멈춰 서서 스스로를 되돌아보는 자아의 내면 기록이자, 계절과 시간의 순환을 통해 인생의 단면을 포착하는 서정시들이다.

향긋한 커피 내음
퍼지는 카페의 서리 가득한 창가

의자에 앉아
커피 한 모금 토스트 한 조각
살포시 입에 물고

종이 한 장에
낙서할 수 있는 연필 한 자루

눈을 감고
떠오르는 생각 표현할 수 있다면
부러울 것이 없을 뿐이네

욕심 없이
그날그날 살아가는 세상

목숨 다하는 날
모든 것 남김없이 베풀고
떠나가고 싶네

- 〈무욕〉 전문

1)평온한 성찰과 무소유의 미학

시 〈무욕〉은 제목에서 드러나듯이 소박한 삶과 인생의 궁극적인 무소유를 주제로 삼았다. '무욕'이 시 전체를 관통하며, 일상에서 시작해 삶의 궁극적인 자세로 확장되는 과정이 자연스럽다. '커피 한 모금 토스트 한 조각'과 '종이 한 장에 / 낙서할 수 있는 연필 한 자루'의 대비를 통해 물질적 욕구와 정신적 욕구 모두를 '소박함'으로 귀결시키는 힘이 느껴진다. 정서와 정조는 차분하고 평온하며, 깊은 내면적 성찰이 바닥에 배어있다. 일상 속 작은 행복(커피, 글쓰기)을 통해 깨닫는 '무욕'의 가치와, 삶의 마지막 순간까지 모든 것을 비우고 나누고자 하는 무소유의 정신과 원숙한 달관이랄까. 초반부에서는 '향긋한 커피 내음', '서리 가득한 창가'와 같은 구체적이고 감각적인 이미지로 시의 배경을 선명하게 드러내, 독자를 조용하고 안락한 카페 공간으로 인도한다. 중반부에 가서는 '낙서할 수 있는 연필 한 자루', '부러울 것이 없을 뿐이네'처럼 창조적인 행위를 통한 정신적 풍요를 추구하는 성찰적 정서가 나타난다. 후반부에서는 '목숨 다하는 날', '모든 것 남김없이 베풀고'라는 삶과 죽음을 초월한 달관과 이타적인 숭고미가 풍긴다. 시인이 지향하는 무욕의 경지가 단순한 포기를 넘어선, 적극적인 나눔과 비움임을 보여주며, 시에 깊은 울림을 부여한다. 화자는 소유를 통해 행복을 찾으려 하기보다, 존재 자체의 단순한 행위에서 완벽한 만족을 발견한다. 나아가 세상에 아무것도 남기지 않고 떠나고자 하는 동양적이고 철학적인 깨달음을 일깨우며 평온한 성찰과 무소유의 미학에 방점을 찍는다.

창가에 우두커니 서서
스쳐 지나가는 꽃향기 음미하며
쓰디쓴 커피 한 모금

덜거덕거리는 세상에
부딪히며 살아온 지난 세월
뒤돌아보니 성취한 것 없는 후회뿐

조금씩 조금씩
흘러가다 보니 지금 이 자리
덩그러니 놓여있는 낯선 이방인

물가에 비친 초로의 모습

젊음이 넘치는 싱그러운 얼굴은
어디에도 찾아볼 수 없는 아쉬운 상황

아! 세월의 빠름
탄식만 남은 고뇌에 찬 시간

지금 이 순간
지쳐버린 육체에 허덕이는 영혼
한 줄기 빛에 의지하여 서 있는 자아

세파에 찌든 정신
마음잡고 다시 시작하려고 해도
엄두가 나지 않는 현실

두려운 생각에
이대로 인생의 종착지가 되려나

- 〈후회뿐인 인생〉전문

2)탄식과 고독, 회한의 정서

이 시는 지나온 삶에 대한 깊은 회한悔恨과 성취감 부재에서 오는 고독을 주된 정서로 삼는다. 후회, 고독, 탄식, 절망, 허무함이 주를 이루며, 젊음의 상실에 대한 아쉬움과 현실의 무기력함이 영혼을 짓누르는 듯한 고통이 느껴진다. '덜거덕거리는 세상'과의 불화 속에서 뒤돌아본 삶의 공허함과, 늦은 나이에 다시 시작할 엄두조차 내지 못하는 절망적인 고뇌와 인생의 종착지에 대한 두려움도 가슴을 짓누른다.

'창가'는 외부 세계와 화자 내면의 경계다. 화자가 '우두커니 서서' 세상을 관조하지만, 세상과의 능동적인 참여는 이미 단절된 고독과 단념의 공간을 상징한다. '스쳐 지나가는 꽃향기'는 과거의 아름다움이나 젊음, 혹은 희미한 희망을 의미하지만, '스쳐 지나가' 버렸기에 화자는 그것을 붙잡지 못하고 상실감만을 느낀다. 쓰디쓴 커피는 인생의 고통과 쓰라린 현실이며, '음미'하는 꽃향기와 대비되어, 현재 화자가 맛보는 것은 쓰디쓴 현실뿐임을 강조한다. '물가에 비친 초로의 모습'은 덧없이 흘러간 시간과 변화된 자신의 외모를 객관적으로 인식하는 순간으로 젊음의 상실을 시각적으로 보여준다. '한 줄기 빛에 의지하여 서 있는 자아'는 극한의 절망 속에서도 완전히 쓰러지지는 않은, 마지막 남은 희미한 희망이나 생존 본능을 상징한다.

두 시 〈무욕〉과 〈후회뿐인 인생〉은 창가에 앉아 커피를 마신다는 유사한 설정임에도 불구하고, 〈무욕〉은 만족과 비움의 미학을, 〈후회뿐인 인생〉은 공허함과 탄식을 노래하며, 인생을 바라보는 양 극단의 시선을 선명하게 대비시킨다.

얄궂은 바람
나뭇가지 툭 치면
한잎 두잎 떨어지는 계절

옷깃 여미고
흩어진 나뭇잎 거리 걷다 보면
바스락 소리에 밀려오는 소슬바람

마주치는 사람들
파전에 막걸리 한잔할 지인
둘레둘레 찾아봐도 낯선 이뿐

쓸쓸함에 목이 타
목마 타고 산등성이 올라 자연을 그리며
메아리 울리는 소리, 야호

아! 가을 지나가면
서리 낀 창가에서 커피 한 모금
음미할 여유 없이 지나치는 그해 겨울

거침없던 젊은 시절
귀 기울여 주위를 보듬지 못한 시간에

소리 없이 내리는 가을비에도 아리는 마음

순간순간 지나
세상만사 적응할 만도 한데
가을만 되면 사무치는 외로움이여

- 〈가을앓이〉 전문

3) 상실과 고독, 계절적 우울의 정서

이 시는 가을이라는 계절이 가져오는 근원적인 상실감과 외로움을 주된 정서로 삼는다. 가을의 자연 풍경과 대비되는 화자의 고독한 내면을 섬세하게 포착하며 쓸쓸함, 외로움, 회한, 우울의 정서로 특히 가을이라는 계절적 배경이 주는 감상적 정조가 짙다. 앞에서는 애상적이며, 뒤에서는 '사무치는 외로움이여'처럼 감정이 고조되는 탄식조로 마무리된다. 흘러간 시간에 대한 회한과, 가을이 되면 더욱 깊어지는 근원적 고독과 외로움에 대한 고통을 주제로, 화자는 낙엽, 소슬바람 등 가을의 덧없는 자연 현상 속에서 자신의 고독한 현실을 인식하고, 젊은 시절에는 타인에 대한 무관심으로, 현재의 무기력이 결합되어 증폭되는 외로움을 호소한다.

'얄궂은 바람', '바스락 소리', '소슬바람', '가을비' 등으로 계절적 정서를 탁월하게 포착한 점도 이 시의 매력이다. 〈가을앓이〉는 가을 특유의 감각적 이미지들을 효과적으로 사용하여 계절이 주는 외로움의 정서를 매우 섬세하고 서정적으로 아우른다. 여기다 '파전에 막걸리 한잔할 지인'을 찾는 소박하고 현실적인 행위는 독자들에게 깊은 공감을 불러일으킨다. 외로움이 단순히 친구의 부재에서 오는 것이 아니라, '귀 기울여 주위를 보듬지 못한 시간'처럼 과거의 실수에 대한 회한에서 비롯된 것임을 밝혀, 단순한 계절병을 넘어서서 내면의 성찰로 외로움의 깊이를 심화시키며, 정서적 깊이를 더한다. '목마 타고 산등성이 올라'처럼 현실의 쓸쓸함에서 잠시 벗어나고자 하는 탈출 욕구와 유년 시절로 돌아가고자 하는 회귀 본능을 동시에 보여주는 초현실적이고 동화적인 이미지가 돋보인다. '소리 없이 내리는 가을비'는 '가을앓이'의 통증을 상징하며, 외로움과 후회가 소리 없이 스며들어 마음을 더욱 아리게 후빈다.

커피 잔 앞에 놓고
빗물 흐르는 창가에 앉아
흩날리는 바람결
가슴 깊이 스며드는 꽃내음

지그시 눈 감고
쥐어 보지만 빠져나가는 샛바람
봄비 그치면
아련한 추억 남기고 사라질 찰나

아쉬운 마음에
애꿎은 창문만 두드리네
오늘 가면
언제 오려나 기다려지는데

후일 기약하며
아로새기고 떠나가는 봄이여

- 〈그리운 봄이여〉 전문

4) 찰나의 아름다움과 상실의 애상

이 시는 곧 사라질 것에 대한 애틋한 아쉬움과 그리움을 주된 정서로 노래한다. 화자는 빗물, 바람, 꽃내음 등 봄의 감각적인 요소들을 통해 시간의 흐름을 인식하고, 결국 잡을 수 없는 순간의 소멸 앞에서 느끼는 애상적인 감정이 매우 섬세하다. 애틋함, 그리움, 아쉬움, 애상이 봄의 아름다움 속에서 상실의 기운을 감지하는 복합적인 정서랄까. '아쉬운 마음에', '언제 오려나 기다려지는데' 등 화자의 감정 상태를 비유나 이미지 없이 직접적으로 서술하는 부분이 있어, 시적 긴장감과 함축미가 떨어지지만, 전반적으로 서정적이며, '떠나가는 봄이여'에서 느껴지는 영탄조詠歎調로 마무리된다.

봄이 주는 '찰나의 아름다움'과 '곧 사라질 아쉬움'을 놓치지 않고 시 전체를 일관되게 끌고 나가 감정적 몰입도를 높인다. 짧게

머물다 떠나가는 봄의 아름다움과 덧없음에 대한 그리움과 회한, 붙잡을 수 없는 시간에 대한 인간의 숙명적인 아쉬움을 주제로 상실의 애상을 잘 녹여냈다. 봄을 '후일 기약하며 / 아로새기고 떠나가는' 존재로 의인화함으로써, 봄에 대한 그리움을 대상과의 헤어짐에 대한 애절함으로 승화시켰다. 잡을 수 없는 시간에 대한 안타까움을 극대화한 작품으로 '커피 잔 앞, 빗물 흐르는 창가'는 외부의 봄과 화자 사이의 경계를 만들며, 화자가 봄을 객관적으로 관조하고 사색하는 공간을 상징한다. '커피 잔'은 사색과 여유를 더하는 소품이지만, 빗물과 결합되어 다소 쓸쓸한 분위기를 충분히 연출한다. '흩날리는 바람결 / 꽃내음'은 봄의 대표적인 촉각적, 후각적 이미지다. '가슴 깊이 스며드는' 이 이미지는 봄의 아름다움이 화자의 내면으로 깊숙이 침투하여 감동과 그리움을 불러일으킨다. '쥐어 보지만 빠져나가는 샛바람'을 통해 아름다움의 찰나성을 인식하며, 순간의 덧없음을 어루만지는 서정시다.

저녁 무렵
흐르는 빗방울 바라보며
우두커니 창가에 걸터앉아

토스트 한 조각
커피 한 모금 부드럽게 삼키며
한 줌 여유 즐기네

쉼 없이 달려온 세월
피로에 지친 몸과 마음 달래며
조용히 휴식 취하고

살아온 인생길
순간순간 헤아려 보며
지나온 발자취 더듬어 보네

어디로 가는지
어떠한 사건이 펼쳐질지 모르지만
떠나야만 하는 운명

뒤돌아보며
한 걸음 한 걸음 걸어가지만
주체할 수 없는 눈물

반가웠던 벗들
행복했던 순간들 간직하며

먼 훗날
아름다운 추억 회상하며
떠나는 긴 인생 여정

- 〈비 오는 날〉 전문

5) 관조와 성찰, 숙명적 여정

이 시는 '비 오는 날 저녁 무렵'과 '커피 한 모금'이라는 이미지로 차분하고 사색적인 시간과 공간을 배경 삼아, 화자가 자신의 지나온 삶을 관조하고 성찰하는 과정을 그린 작품이다. '비 오는 날 저녁 무렵'은 '하루'와 '삶'의 끝자락을 동시에 상징하는 시간이며, 정지된 듯 고요함과 쓸쓸함을 내포하며, 내면 성찰을 위한 최적의 분위기를 조성한다. 이 시는 평화로운 배경 설정으로 독자에게 안정감과 사색의 여지를 제공하며 시적 분위기를 효과적으로 조성한다. 애틋한 그리움, 운명에 대한 담담한 수용이 복합적으로 나타나며, 초반부에는 평온하고 사색적인 정조이나, 후반부로 갈수록 '주체할 수 없는 눈물'과 '긴 인생 여정'이라는 표현에서 애상적이고 숙명적인 정조가 느껴진다. 바쁘게 살아온 삶을 뒤돌아보며 현재의 단순한 휴식 속에서 과거를 헤아리고, 결국 떠나야 할 인생의 종착지인 미래 운명을 향해 나아가는 인생의 여정과 숙명에 대한 성찰을 주제로 삼는 서정시로 시상이 자연스럽게 확장되어 주제의 깊이를 확보한다. '떠나는 긴 인생 여정', '아름다운 추억 회상하며' 등은 삶과 죽음을 다루는 문학에서 흔히 사용되는 관습적인 표현으로, 시의 독창성을 약화시키는 경향이 있지만, 일상의 소박한 여유 속에서 시작된 사색은 인생의 본질, 즉 떠나야만 하는 숙명적 여정으로 확장되며, 누구나 공감할 수 있는 인생의 보편적인 진실을 담아내어 독자의 공감대를 형성한다. '토스트 한 조각 / 커피 한 모금'은 극히 소박하고 단순한 물질이다. 이는 쉼 없이 달려온 삶 속에서 비로소 찾은 '한 줌 여유'와 현재의 만족을 나타낸다. 또, '흐르는 빗방울'은 쉼 없이 흐르는 세월 혹은 눈물을 시각적으로 은유하며, 창가를 사이에 두고 외부의 빗방울을 보며 화자는 자신의 내면의 감정을 투영한다. '쉼 없이 달려온 세월 / 지나온 발자취'는 화자 과거의 피로하고 역동적인 삶을 상징하며, 현재의 휴식과 대비되어 성찰의 깊이를 더한다. '떠나야만 하는 운명 / 긴 인생 여정'은 삶을 '여정'으로, 죽음을 '떠남'으로 은유하여, 인생의 유한성과 숙명적인 특성을 강조한다. 전반적으로 담담하고 관조적인 어조이나, '주체할 수 없는 눈물'에서 잠시 감정이 폭발하며 애틋한 탄식으로 바뀐다. '주체할 수 없는 눈물'과 '아름다운 추억 회상'은 인생의 피로와 아름다운 기억을 간직하고 하염없이 길을 걷는 고독한 순례자의 모습이랄까. 종국에는 '어디로 가는지 모르지만 떠나야만 하는 운명'을 수용한다. 화자는 잠시 멈춘 시간 속에서 과거의 '행복했던 순간들'과 '반가웠던 벗들'을 떠올리며 현재의 고독을 달래고, 다가올 미래를 향해 발걸음을 떼는 모습을 보여준다.

이상으로 〈무욕〉 〈후회뿐인 인생〉 〈가을앓이〉 〈그리운 봄이여〉 〈비 오는 날〉 등 다섯 편의 시를 살펴보았다. 이 시들은 화자의 내면 풍경을 정직하고 진솔하게 드러내는 서정시의 미덕을 고루 갖추었다. '커피'는 단순한 음료가 아니다. 화자는 '커피'와

'창가'를 사색의 도구로 활용하는 방식과 계절의 흐름을 통해 인간의 보편적인 감정을 포착하는 힘을 보여주었다. '커피 잔 앞에 놓고'라든지, '커피 한 모금 부드럽게 삼키며'라는 행위 묘사는 서두르지 않는 느림의 미학을 보여준다. 화자는 이 따뜻한 액체를 통해 쉼 없이 달려온 세월의 피로를 녹이고, '창가'를 통해 외부의 소란스러움으로부터 자신을 분리하여 내면의 여유를 창출한다. 이러한 자세는 곧 삶의 무게와 욕심을 덜어내고, 마음을 비우는 중년의 여유로운 태도로 귀결된다. '창가에 서서 삶을 되돌아보는 중년의 자아'라는 일관된 화자를 통해, 고독과 회한, 찰나의 아름다움 속에서 인생의 숙명적 의미를 치열하게 모색하는 과정을 담아낸 의미 있는 성찰의 기록이다. 첫 시집 상재를 축하한다.

계간문예시인선 222
이재규 시집 _ 커피 잔에서 스며 나오는 여운

초판 인쇄 2025년 12월 25일
초판 발행 2025년 12월 30일

지 은 이 이재규
회 장 서정환
발 행 인 정종명
편집주간 차윤옥

펴 낸 곳 도서출판 계간문예
주 소 03132 서울 종로구 삼일대로 30길 21 종로오피스텔 1209호
전 화 (02) 3675-5633 팩스 (02) 766-4052
이 메 일 munin5633@naver.com
홈페이지 http://cafe.daum.net/quarterly2015
등 록 2005년 3월 9일 제300-2005-34호
연 락 처 03132 서울 종로구 삼일대로 32길 36 운현신화타워 305호
인 쇄 54991 전북 전주시 완산구 공북1길 16, 신아출판사
ISBN 978-89-6554-321-3 04810
ISBN 978-89-6554-118-9 (세트)

값 12,000원